YASIR ARAFAT

El líder de la resistencia palestina

Por Françoise Puissant Baeyens
Traducido por Marina Martín Serra

YASIR ARAFAT

- **¿Nacimiento?** El 24 de agosto de 1929 en El Cairo.
- **¿Muerte?** El 11 de noviembre de 2004 en París.
- **¿Principales aportaciones?**
  - La creación de Fatá (movimiento nacionalista palestino) en 1959.
  - El reconocimiento de la OLP (Organización para la Liberación de Palestina) como único representante legítimo del pueblo palestino por la comunidad internacional.
  - La apertura de las negociaciones que finalmente desembocan en los Acuerdos de Oslo (1993).
  - La formación de un Gobierno autónomo en Gaza (1994).
  - La firma de un acuerdo que abre la vía a negociaciones sobre una solución de paz final en 1999.

Yasir Arafat, que encarna la aspiración de los palestinos a la soberanía nacional, es una de las principales figuras del siglo XX. A pesar de que sus admiradores afirman que, sin la lucha armada, la problemática palestina se habría reducido al contencioso sobre el destino de los refugiados, sus detractores consideran que el uso de la violencia empaña su reputación para siempre. Odiado por algunos y venerado por otros, tiene indudablemente el mérito de haber despertado la conciencia global en lo que se refiere a la cuestión palestina.

Trabajando sin descanso, dedica su vida a la lucha de

su pueblo. Sus consideraciones ideológicas reflejan un pensamiento pragmático a través de la turbulenta historia del siglo pasado. La famosa frase pronunciada durante su discurso ante las Naciones Unidas en 1974 es un reflejo de la ambigüedad de la misión que se ha fijado: «Hoy he llevado una rama de olivo y un fusil de combatiente por la libertad. No permitan que la rama caiga de mi mano» (Harvey Parada 2011, 212).

En 1994, el legendario luchador es galardonado con el Premio Nobel de la Paz. Una década más tarde, muere aislado, presentado por algunos como el principal obstáculo en las negociaciones para la solución del conflicto entre Israel y Palestina. En vida, Arafat nunca se desvía de su objetivo fundamental: sentar las bases de un Estado palestino. Sin embargo, diez años después de su muerte, el destino de su pueblo es más incierto que nunca.

BIOGRAFÍA

UNA JUVENTUD EN EL CAIRO

Nacido en El Cairo en 1929, Yasir Arafat pasa su infancia y adolescencia en Egipto. Aunque todavía es muy joven, se muestra sensible y atento hacia las crecientes tensiones entre los palestinos árabes y los judíos asentados en Palestina en respuesta al llamamiento sionista.

¿SABÍAS QUE...?

A pesar de que siempre afirmó que nació en Jerusalén, Yasir Arafat en realidad nació en El Cairo. Sin embargo, es palestino ya que su padre pertenece a la gran familia de la palestina de los Husseini.

Mientras que la partición del territorio propuesta por las Naciones Unidas pone punto final al mandato británico y se crea un Estado de Israel en 1948 a pesar del rechazo de los palestinos, Yasir Arafat deja El Cairo para participar en las luchas de la coalición árabe contra el naciente Estado judío. El conflicto termina con la derrota del bando árabe y la Nakba, el éxodo palestino que deja más de 700 000 refugiados.

Después de esta primera implicación, Yasir Arafat regresa a El Cairo, donde reanuda sus estudios universitarios y obtiene su título de ingeniero de obras públicas. No obstante, está decidido a continuar la lucha. En 1959, funda Fatá

(Movimiento Palestino de Liberación Nacional), un movimiento clandestino, laico y revolucionario cuyo objetivo es la emancipación del pueblo palestino.

LOS AÑOS CLANDESTINOS

De forma progresiva, logra reunir cada vez a más miembros bajo la dirección de Fatá. Teniendo en cuenta la realidad geográfica de la diáspora, se trata de una proeza. Sin embargo, Yasir Arafat no tiene los atributos que predestinan a un hombre para asumir el papel de líder emblemático. No es nada alto, y muestra una capacidad de oratoria limitada por su elocución a veces opaca, marcada además por un acento egipcio heredado de su juventud en El Cairo y que lo convierte en un extranjero. ¿Entonces, cómo se puede explicar que haya logrado dominar la esfera política palestina durante cinco décadas? Su entrega total a la causa palestina, su autoconfianza y su gran sentido político son algunos de los elementos responsables de este éxito.

Con los combatientes revolucionarios de Fatá, en 1964 lanza las primeras operaciones armadas contra Israel. A pesar de la derrota árabe, los fedayines (grupos de comandos de Fatá) que habían unido sus fuerzas con la coalición árabe destacan por su actuación en la guerra de los Seis Días en 1967. Después del conflicto, la superficie de Israel se triplica.

La exasperación que resulta de la situación especialmente difícil de los palestinos convierte la zona en un terreno fértil para el reclutamiento y permite que Arafat consolide sus tropas. En 1969, es elegido presidente de la OLP (Organización para la Liberación de Palestina), que reúne a los distintos movimientos nacionalistas palestinos. Este nombramiento lo consagra como líder indiscutible de la resistencia palestina.

LA DINÁMICA DE LA PAZ

Poco a poco, comienza un cambio en la visión de Yasir Arafat. Consciente de la relación de fuerzas favorable para Israel, su pragmatismo lo guía hacia la vía diplomática, y ahora busca el reconocimiento de la OLP por parte de la comunidad internacional. Sus esfuerzos se ven recompensados en 1974, cuando las Naciones Unidas designan a la organización como la única representante legítima de los palestinos.

Durante los años ochenta Arafat se compromete realmente con el camino de la paz. Abandona la vía de las armas que había privilegiado hasta entonces y convence a su pueblo de la necesidad de un acuerdo. Al suscribirse al derecho de Israel a existir, opera un cambio de tendencia que dará lugar a las primeras negociaciones de paz en Madrid (1991) y, posteriormente, en Oslo (1993).

En la vida personal del líder, también llega la hora de cambiar. Soltero hasta entonces, se casa con 67 años con su secretaria Suha Tawil (nacida en 1963), más de 30 años menor que él. De esta unión nace su hija Zahwa en 1995.

En 1994, Yasir Arafat gana el Premio Nobel de la Paz con sus socios israelíes de los Acuerdos de Oslo, Isaac Rabin (oficial y político israelí, 1922-1995) y Shimon Peres (estadista israelí, nacido en 1923). El mismo año, regresa a tierras palestinas tras 27 años de exilio, forma un Gobierno autónomo en Gaza y es elegido presidente de la Autoridad Palestina en 1996.

EL DESMORONAMIENTO DEL PROCESO Y EL AISLAMIENTO FINAL

Desafortunadamente, el proceso de paz no logra su objetivo, torpedeado por los extremistas de ambos bandos. La proliferación de los atentados suicidas por parte de quienes consideran que el compromiso de Arafat es una traición y la falta de voluntad de algunos líderes israelíes que retrasan la puesta en marcha de los Acuerdos de Oslo conducen al colapso total de la vía de la paz.

Asignar las responsabilidades por el fracaso de la solución definitiva del conflicto palestino-israelí en la cumbre de Camp David (2000) es una tarea extremadamente compleja. Si bien es justo señalar la gestión del Estado a veces calamitosa de Yasir Arafat, la imagen que transmite una cierta propaganda según la que Arafat, intransigente, habría rechazado las generosas ofertas del primer ministro israelí Ehud Barak (nacido en 1942) no pasaría el análisis.

Lo cierto es que, después de 2002, Yasir Arafat está confinado en Ramala (Cisjordania) y está aislado en el plano internacional. En 2004, el que siempre encarnará el espíritu de la resistencia palestina muere en París a causa de una enfermedad repentina, que algunos consideran que es resultado de un envenenamiento.

CONTEXTO

Para entender la vida y las elecciones de Yasir Arafat, es esencial tener en cuenta el contexto en que se enmarca su trayectoria, caracterizado por la aparición del conflicto árabe-israelí, cuyos distintos desarrollos deben abordarse a través de un prisma global.

LA PALESTINA MANDATARIA

Así pues, tenemos que volver al final de la Primera Guerra Mundial (1914-1918). El Imperio otomano, que está en el bando de los vencidos, es totalmente desmembrado. Los territorios árabes que lo integraban son divididos entre el Reino Unido y Francia. Así, en 1922, Palestina se encuentra bajo mandato británico.

Desde los primeros meses, los británicos se enfrentan a una obligación doble: por un lado, deben mantener la promesa hecha al movimiento sionista de facilitar la creación de un hogar judío en Palestina (se trata de la famosa Declaración Balfour de 1917) y, por el otro, deben negociar con los árabes, ávidos de independencia y decididamente en contra de la instalación de los judíos en sus tierras.

A finales de los años treinta, la proporción de judíos en Palestina alcanza el 30 %. En efecto, el ascenso del nazismo en Alemania provoca grandes oleadas de emigración judía hacia Palestina. Esto aumenta las tensiones entre los dos pueblos, que ahora comparten una tierra.

Después de la derrota de la Alemania nazi en 1945, la prioridad para la Agencia Judía (el ejecutivo de la organización sionista en la Palestina mandataria) es la creación de un Estado judío que pueda acoger a los supervivientes del Holocausto, en Palestina. En este contexto, los judíos de Palestina presionan al Reino Unido a través de huelgas, manifestaciones y acciones de sabotaje.

EL FIN DEL MANDATO BRITÁNICO Y EL PRIMER CONFLICTO ÁRABE-ISRAELÍ

Esta situación empuja al Reino Unido a ceder el mandato de Palestina a las Naciones Unidas en 1947. Estas últimas elaboran, en el mismo año, un plan de partición que favorece a los judíos, que reciben más de la mitad de la superficie total del territorio. Los sionistas aprueban este nuevo plan, pero toda la comunidad árabe en su conjunto lo rechaza.

Los combates empiezan incluso antes de que se marchen los británicos: los Palestinos están determinados a sabotear el establecimiento del plan de las Naciones Unidas, mientras que los judíos intentan reforzar la seguridad de la zona que se les ha asignado. Las poblaciones palestinas de la parte judía se ven forzadas a exiliarse.

El 14 de mayo de 1948, David Ben Gurion (político israelí, 1886-1973) funda el Estado de Israel. Tras esta proclamación, las naciones árabes vecinas declaran la guerra al nuevo Estado. En julio, Israel contraataca y se anexiona a su paso algunos territorios devueltos a los Palestinos en el plan de partición de las Naciones Unidas. En 1949, el armisticio de los Acuerdos de Rodas sella esas fronteras. Israel posee más de tres cuartos del territorio de la Palestina mandataria. Las únicas zonas que escapan a su control son la Franja de Gaza, administrada por Egipto, así como Cisjordania, anexionada por Transjordania, que también comprende Jerusalén Este.

En el lado palestino, se organiza la resistencia, principalmente desde la Franja de Gaza. En este contexto, nacen el Fatá de Yasir Arafat en 1959 y la Organización para la Liberación de Palestina en 1964.

Las acciones armadas de Fatá en Israel empiezan en 1964. Se llevan a cabo principalmente a partir de campos de refugiados palestinos en los países vecinos, y conllevan represalias del Estado judío en Jordania, el Líbano y Siria.

LA GUERRA DE LOS SEIS DÍAS (1967)

Estas fuertes tensiones entre los Estados árabes e Israel desembocan en la guerra de los Seis Días, que acaba con el *statu quo* territorial de 1949. En junio de 1967, en respuesta a una provocación por parte de Egipto, Israel lanza un ataque por tierra contra los ejércitos de Egipto, Jordania y Siria. En menos de una semana, el Estado judío triplica su superficie: anexiona la Franja de Gaza y el Sinaí, arrebatados a Egipto; toma los Altos del Golán, que pertenecían a Siria; y, finalmente, captura Jerusalén Este y una parte de Cisjordania de las manos de Jordania.

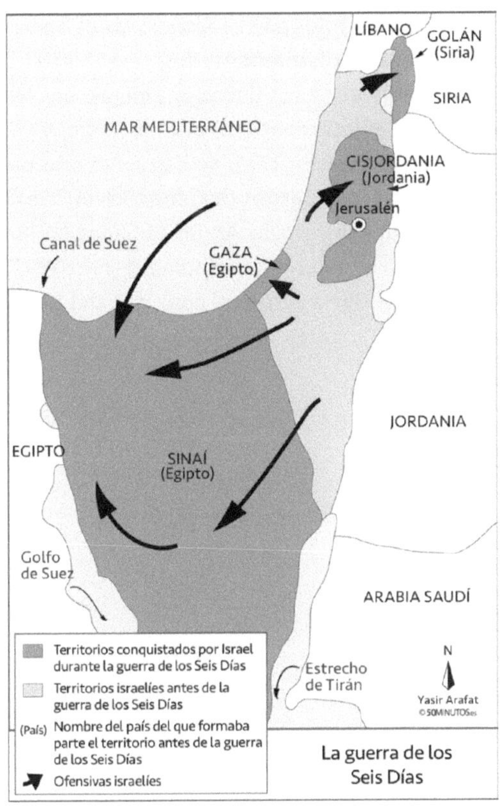

LA GUERRA DE YOM KIPUR (1973)

El 6 de octubre de 1973, durante el día de Yom Kipur (fiesta de la Expiación), Egipto y Siria lanzan una ofensiva conjunta contra Israel con la esperanza de recuperar los territorios perdidos en junio de 1967. Sin embargo, la operación se salda con un fracaso para ambos países árabes: Israel, apoyado por los Estados Unidos, no solamente logra repeler el ataque, sino que también supera las líneas enemigas. Las Naciones Unidas piden inmediatamente un alto el fuego, y se inician procesos diplomáticos. En 1974, se devuelve una parte del Golán a Siria. Tras los Acuerdos de Camp David, firmados en 1978 por el presidente egipcio Anuar el Sadat (1918-1981) y el primer ministro israelí Menahem Begin (1913-1992), entre 1979 y 1982 se restituye a Egipto el conjunto del Sinaí.

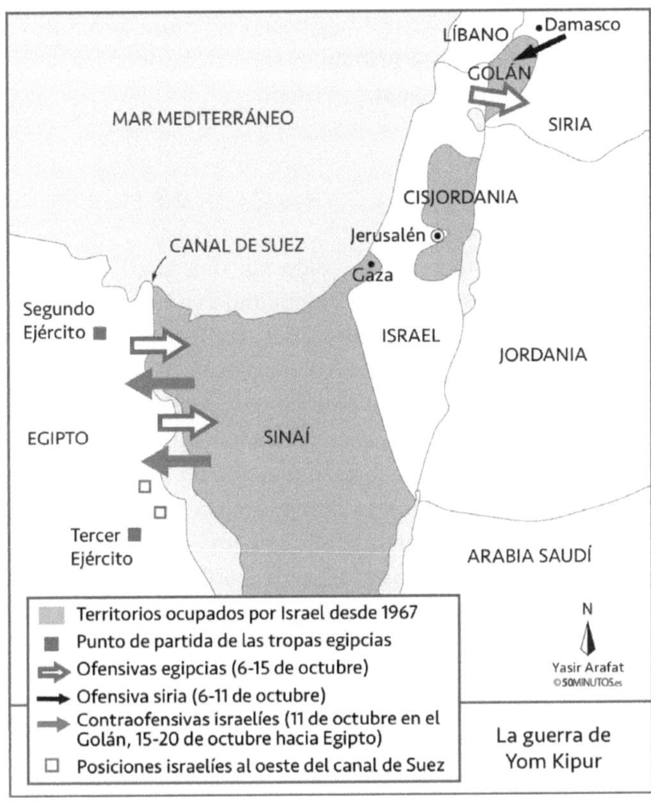

¿Sabías que...?

El presidente egipcio Anuar el Sadat es asesinado el 6 de octubre de 1981 durante un desfile militar. Su asesinato es organizado por Jaled al Islambouli (1955-1982), un militar egipcio, y lo ejecuta junto con otros miembros de la yihad islámica egipcia. Este grupo armado, activo desde finales de los años setenta, se oponía a las negociaciones de Sadat con Israel.

LA OPERACIÓN PAZ PARA GALILEA (1982)

En 1975, el Líbano se ve sacudido por una guerra civil que durará hasta 1990. En un país debilitado ya por la rivalidad entre las diferentes comunidades confesionales que lo conforman, la presencia palestina acentúa las fracturas. En efecto, la resistencia de los palestinos moldea las opiniones: inspira a los jóvenes libaneses musulmanes y de izquierdas, mientras que inquieta a la gran mayoría de la derecha cristiana (maronita). La guerra empieza el 13 de abril de 1975, tras un incidente entre las falanges (milicias cristianas) y algunos palestinos en las afueras de Beirut.

El 6 de junio de 1982, Israel invade el sur del Líbano, aún afectado por la guerra civil, en represalia por los ataques lanzados por la OLP desde los campos palestinos situados en el Líbano. Este es el comienzo de la Operación Paz para Galilea. Las fuerzas de defensa de Israel, el Tzahal, entran en el oeste de Beirut y los revolucionarios palestinos son evacuados en barco por una fuerza internacional. En septiembre, las milicias libanesas cristianas entran en los campos de refugiados palestinos de Sabra y Chatila, rodeados por el ejército israelí. Cientos de civiles son masacrados. Estos acontecimientos tendrán un papel importante en la evolución del conflicto palestino-israelí, ya que la imagen de Israel no sale indemne a los ojos de la opinión pública internacional.

LA VÍA DIPLOMÁTICA

En paralelo, la respuesta de los palestinos es cada vez más fuerte en los territorios ocupados. En 1987, las imágenes de la Primera Intifada muestran a la población palestina lanzando piedras a los israelíes para expresar su rechazo a la ocupación. Las autoridades israelíes reprimen la rebelión por la fuerza, pero no logran sofocarla.

En 1988, Arafat vuelve a posicionarse y anuncia que está listo para hablar con Israel, del que reconoce el derecho a existir. En 1991, la Conferencia de Madrid marca las primeras negociaciones en el conflicto. El proceso diplomático se ve facilitado en 1992 por la victoria del laborista Isaac Rabin a la cabeza del Gobierno de Israel.

En 1993, en Oslo, israelíes y palestinos llevan a cabo negociaciones secretas que desembocan en un acuerdo que contempla un periodo de autonomía de cinco años en Cisjordania y en Gaza, así como la administración de estos territorios por una autoridad palestina. Este acuerdo, aunque aporta la esperanza renovada de una paz duradera en Oriente Próximo, provoca la radicalización de los extremistas de ambos bandos.

Al año siguiente, la Autoridad Palestina se instala en Gaza y en Jericó. La proliferación de los atentados suicida organizados por Hamás, movimiento a favor de la desaparición de Israel que surge junto con la intifada, y la continuación de la colonización por parte de los israelíes crean un clima particularmente desfavorable para la cumbre de Camp David en julio del año 2000. Tras la conferencia, los asistentes se marchan, sin haber hecho más que proclamar sus intenciones.

EL BLOQUEO DEL PROCESO DE PAZ

En este contexto comienza la Segunda Intifada, el 29 de septiembre del año 2000. La llegada de Ariel Sharon (1928-2014) al mando del poder en Israel en 2001 endurece la posición israelí, que centra su política exterior en la seguridad contra el terrorismo palestino. La Autoridad Palestina se ve cada vez más aislada. En verano de 2002 comienza también la construcción de la «valla de seguridad», un muro que rodea Cisjordania y cuyo objetivo declarado es la protección de la población israelí contra los ataques terroristas.

Imagen del muro de seguridad desplegado por Israel.

En 2004, nace una nueva esperanza cuando Ariel Sharon propone un plan para desmantelar los asentamientos israelíes en la Franja de Gaza y en Cisjordania.

El 11 de noviembre del mismo año, Yasir Arafat muere y Mahmud Abás (nacido en 1935) le sucede en el cargo en enero de 2005. El diálogo con Israel reanuda en Sharm el-Sheikh en febrero de 2005. Sin embargo, las precarias condiciones de vida de los palestinos, agravadas por la construcción de la valla de seguridad, aumentan su descontento, y la victoria de Hamás en las elecciones legislativas de 2006 refuerza el aislamiento de Palestina en la escena internacional. En verano de 2007, Hamás proclama la secesión de la Franja de Gaza.

La Conferencia de Annapolis, reunida en 2007 bajo la égida de los Estados Unidos, no logra frenar el proceso de radicalización de ambos bandos. Durante los años subsiguientes, se multiplican las acciones armadas de Hamás contra Israel y, como represalia, también proliferan los ataques del ejército israelí sobre la Franja de Gaza, cada vez más numerosos, que se saldan con la muerte de muchos civiles palestinos.

MOMENTOS CLAVE

ARAFAT Y EL NACIMIENTO DE UNA CONSCIENCIA NACIONAL PALESTINA

En primer lugar, conviene destacar la mayor aportación de Yasir Arafat al movimiento de resistencia: el hecho de haber situado en el centro de los debates la existencia del pueblo palestino y su derecho a la autodeterminación. Efectivamente, antes de la creación de Fatá, la actitud adoptada por la resistencia palestina es la de una total dependencia con los países vecinos, y en particular con Egipto donde, en 1952, estalla la revolución que llevará a la presidencia a Gamal Abdel Nasser (1918-1970). Este último centra su política en la consolidación de una identidad árabe. Su enfoque de la cuestión palestina se hace eco de esta visión: desea que se reconozcan los derechos de los palestinos, pero busca instrumentalizar su conflicto para integrarlo a la causa panárabe.

La capacidad de discernimiento de Yasir Arafat lo conduce a alejar la resistencia de este movimiento, que subordina el destino del pueblo palestino a la merced de otras naciones. En este contexto, funda Fatá (que significa «conquista») con otros jóvenes palestinos a favor de adoptar una visión nacionalista y laica. Entre sus colaboradores, cabe citar a Khalil al Wazir (1936-1988) —conocido también por su nombre de guerra Abu Jihad—, que fue su compañero más próximo hasta su asesinato a manos del Mossad (agencia de inteligencia israelí) en 1988. De naturaleza discreta, casi secreta, es el perfecto opuesto de Yasir Arafat, que desde el inicio se define como un personaje público y que, por consiguiente, no duda colocarse en un primer plano.

Arafat y sus camaradas, inspirándose en el Frente de Liberación Nacional de Argelia (partido político creado en 1954 para luchar contra la presencia colonial francesa en Argelia), convierten la revolución armada en un instrumento de movilización y de despertar nacional. Este enfoque revolucionario, laico y nacionalista constituye la esencia de Fatá, su filosofía.

El movimiento recluta primero a nuevos miembros en la Franja de Gaza, un terreno particularmente fértil tras la ocupación israelí acontecida después de la crisis de Suez (1956). Infatigables, Yasir Arafat y sus colegas continúan su acción de reclutamiento en los campos de refugiados situados en Jordania, en Siria y en el Líbano, favorables también al llamamiento revolucionario.

Desde el primer momento, Arafat manifiesta dos de las cualidades que forjan su destino de líder histórico del pueblo palestino: su inquebrantable fe en la justicia de la causa a la que sirve y los sacrificios sin límites que está dispuesto a realizar para lograr sus objetivos. Es un trabajador encarnizado, y a lo largo de su dilatada carrera se contenta con unas pocas horas diarias de sueño, obligando a sus colaboradores a seguir su ritmo frenético. Gracias a esta labor implacable, Yasir Arafat y sus colegas logran construir una verdadera conciencia nacional, a pesar de la dispersión de la población palestina. Este logro se debe medir con la dificultad de la situación a la que se enfrenta Fatá: en efecto, el movimiento de Arafat tiene que construirse en el terreno del exilio y del desposeimiento.

ARAFAT, EL COMBATIENTE REVOLUCIONARIO

Durante la guerra de los Seis Días, el futuro líder palestino sale de las sombras. El valor físico de Yasir Arafat y sus fedayines se pone de manifiesto. Así, a pesar de la derrota de la coalición árabe, los comandos palestinos se labran una reputación de combatientes decididos. Su desconfianza frente al ejército israelí, ante el que se niegan a ceder —a pesar de su evidente superioridad—, les hace populares, y los partidarios de Fatá se multiplican.

En 1968, Yasir Arafat trata de establecer su sede en Cisjordania (entonces ocupada por Israel) para organizar la lucha interna. Pero la represión israelí es implacable y obliga a Fatá a retroceder hacia Jordania, para establecerse en el campo palestino de Karameh. En marzo, después de que una mina colocada por los fedayines alcanzara un autobús escolar israelí, Israel lleva a cabo una importante operación para destruir Karameh. Las pérdidas son muy importantes en el bando palestino, pero Fatá se considera victorioso cuando el ejército israelí se ve obligado a retirarse después de varias horas de intensos combates. Respaldado por el éxito de esta victoria, Yasir Arafat se coloca a la cabeza de la OLP, convirtiéndose en el líder indiscutible de la resistencia palestina.

Durante este periodo Yasir Arafat se da a conocer en el mundo. Con todo, la opinión pública occidental es muy crítica con los métodos que este utiliza. Fatá lleva a cabo actos de sabotaje, infiltraciones y atentados, que a menudo causan víctimas entre los civiles. Este recurso a la violencia es condenado por muchos y, a ojos de algunos, resta credibilidad al combate de Arafat y de los fedayines.

ARAFAT ANTE LAS NACIONES UNIDAS

El pragmatismo de Arafat lo conduce progresivamente hacia la vía de la diplomacia. Consciente de la relación de fuerzas favorable para Israel, Arafat elige renunciar a luchar por la soberanía en el conjunto de la Palestina mandataria, y opta por la construcción de una nación independiente en una parte del territorio. Al obrar de este modo, demuestra un gran sentido político: al abandonar las aspiraciones inalcanzables que se había fijado, trabaja para la concreción de objetivos más realistas.

Así, a partir de 1974, Arafat intenta conseguir la legitimación internacional de la OLP, una condición indispensable para lograr una solución política del conflicto. Obtiene el reconocimiento de su organización como única representante del pueblo palestino, y la OLP es admitida en las Naciones Unidas en calidad de observador.

Durante su famoso discurso de 1974 ante la Asamblea General de las Naciones Unidas, Yasir Arafat se convierte en el portavoz de un acercamiento pacífico a la cuestión palestino-israelí. Sin embargo, habrá que esperar todavía más de una década para que se lleven a cabo tentativas políticas reales con el objetivo de resolver el conflicto.

Durante esta década, Arafat combina la acción militar y la diplomacia. Esta ambigüedad caracteriza verdaderamente la forma de actuar del líder palestino. Así, «sabía manipular a amigos y adversarios, alimentar los egos y tener en baja estima, ser familiar y mantener las distancias, ser humilde y arrogante, dar generosamente y cortar los suministros. [...] Despreciaba el lujo, pero apreciaba los honores, especialmente los de los responsables extranjeros»[1] (Naïm 2004). Esta ambivalencia también se observa en su trayectoria. De hecho, durante los años ochenta, Arafat lleva la vida de un clandestino, a pesar de su notoriedad. Las autoridades israelíes lo buscan activamente, ya que quieren acabar con él. Por otra parte, dentro de su movimiento se producen divisiones, y se muestra impotente ante las acciones terroristas cometidas por algunos grupos palestinos. Arafat también depende en gran medida de la voluntad de los países árabes en cuyo territorio tiene su sede. Por consiguiente, es expulsado varias veces: en 1970 de Jordania y, en 1982, del Líbano. Así pues, debe dirigir a sus fedayines, repartidos entre Argelia, Yemen, Sudán, Irak y Túnez, desde la capital homónima de este último país.

---

1. Cita traducida por 50Minutos.es

Durante estos años, Yasir Arafat escapa a la muerte en numerosas ocasiones: en 1982 en el Líbano, cuando una bomba israelí destruye un edificio del que acababa de salir, y en 1985, durante el bombardeo de la sede de la OLP en la capital de Túnez.

ARAFAT, GANADOR DEL PREMIO NOBEL DE LA PAZ

Aunque la represión israelí asola Gaza y Cisjordania, la esperanza para la paz emana de ambos territorios en diciembre de 1987: la intifada, la revuelta espontánea de la población, acaba de empezar. El pueblo apoya a la OLP, y Yasir Arafat es su emblema. Este levantamiento es lo que empuja a Arafat a proclamar, en 1988, un Estado palestino virtual. Inmediatamente después, la OLP reconoce la Resolución 181 de las Naciones Unidas que autoriza la partición de Palestina en dos Estados, legitimando *de facto* la existencia del Estado israelí. En 1989, Arafat persiste y firma, mientras que declara obsoleto el estatuto de la OLP que afirmaba que la lucha armada era la única forma para conseguir la liberación de Palestina.

Así, se establecen las bases para un proceso diplomático. Mientras que las negociaciones iniciadas en Madrid en 1991 no dan ningún resultado, Yasir Arafat empieza a participar en negociaciones secretas en Oslo en 1992. Estas conducen a la firma de la Declaración de Principios entre la OLP e Israel, más conocida con el nombre de Acuerdos de Oslo, firmados por Isaac Rabin, Shimon Peres y Yasir Arafat en Washington, bajo los auspicios de Bill Clinton. Las imágenes del apretón de manos histórico entre el líder palestino y el primer ministro israelí dan la vuelta al mundo. Un año después, Yasir Arafat y sus compañeros de los Acuerdos de Oslo reciben el Premio Nobel de la Paz.

Fotografía tomada durante la ceremonia de entrega de los Premios Nobel de la Paz.

La situación de Yasir Arafat ha cambiado por completo. El hombre que antes era criticado y tildado de terrorista ahora es recibido con todos los honores por los dirigentes occidentales. El sueño palestino de la independencia y de la paz parece estar al alcance de la mano. Sin embargo, la tregua durará poco: aunque el proceso de paz parecía difícil, nadie habría podido anticipar la magnitud de las dificultades con las que Arafat iba a encontrarse.

ARAFAT, JEFE DE ESTADO AISLADO

Sin embargo, en ese momento, el pueblo palestino está de celebración. Tras 27 años de exilio, en 1994 Arafat coloca su sede en Gaza, donde es recibido de forma triunfal. En 1996 se celebran elecciones generales bajo control internacional: Arafat es elegido presidente de la Autoridad Palestina con más del 87 % de los votos. Es una victoria aplastante. Con todo, a partir del momento en el que el movimiento de Arafat intenta reinventarse como un partido político, empieza a declinar, y con razón: Yasir Arafat no tiene madera de estadista. Acostumbrado a la dirección de una organización revolucionaria, siempre ha ejercido el poder de forma autocrática, con un derecho de control sobre todas las operaciones. Incapaz de delegar la menor responsabilidad, frustra a sus colaboradores y se aleja de los principios democráticos. La corrupción endémica de la Administración palestina constituye otro punto débil de su gestión.

Debilitado entre los suyos, Yasir Arafat sufre además cada vez más presión por parte de los extremistas, que desde el principio se oponen a una solución diplomática del conflicto. Las numerosas prórrogas de los plazos exigidas por las autoridades israelíes en relación con el calendario fijado por los Acuerdos de Oslo acaban de colocar a Yasir Arafat en una posición insostenible: no puede promover las contrapartidas prometidas a cambio del acuerdo concedido. El proceso de paz, apenas iniciado, empieza ya a estancarse.

No obstante, a pesar de estas condiciones poco favorables, la victoria electoral de los laboristas y la llegada de Ehud

Barak al puesto de primer ministro de Israel en 1999 vuelven a traer esperanzas de una reactivación de las negociaciones entre el Estado judío y la Autoridad Palestina. Del 11 al 25 de julio del año 2000, Bill Clinton reúne a Ehud Barak y Yasir Arafat en Washington. Sin embargo, las partes no llegan a un terreno de entente. El desacuerdo se centra en tres puntos en particular:

- los territorios ocupados,
- el estatus de Jerusalén,
- y el derecho de retorno de los refugiados palestinos.

En efecto, Israel, aunque está dispuesto a reducir su zona de control en Cisjordania, se opone a la retirada total reclamada por Arafat, que considera que la ocupación de territorios anexionados en el momento de la guerra de los Seis Días (1967) es ilegal. Arafat también reivindica la parte este de Jerusalén, mientras que los negociadores israelíes están determinados a preservar la unidad de su capital, anexionada desde 1980. Finalmente, la suerte de la diáspora palestina desde el conflicto de 1948 está lejos de solucionarse. Israel rechaza apoyar un derecho de retorno de los palestinos, que implicaría tener que integrar una importante cantidad de población no judía en territorio israelí.

Las propuestas que recibe Yasir Arafat están por debajo de sus expectativas, por lo que decide no aceptarlas. El fracaso de las negociaciones de Camp David tiene graves consecuencias. Refuerza el estancamiento —ya iniciado— del proceso de paz, y conduce al desencadenamiento de la Segunda Intifada en septiembre del año 2000. Esta viene acompañada por el empoderamiento de Hamás, firmemente opuesto al proceso de paz tal como se plantea en Oslo.

La llegada al poder de Ariel Sharon, en 2001, acaba de precipitar el aislamiento final del líder palestino ya que este último, que se opone a los Acuerdos de Oslo, preconiza un endurecimiento de la posición ante la Autoridad Palestina. Tras una oleada de atentados suicida palestinos, Sharon decide poner freno a la actividad de Arafat, al que designa como el «mayor obstáculo para la paz» (Sales 2001). Un tanque y dos blindados penetran en Ramala, obligando al líder palestino a vivir atrincherado. En marzo de 2002, su situación se deteriora todavía más cuando el ejército israelí destruye todos los edificios del cuartel general de la Autoridad Palestina, la Muqata. Los despachos de Arafat son los únicos que no quedan destruidos, y el líder palestino se encuentra confinado entre dos salas, privado de agua y de electricidad. Estas acciones lo dejan fuera de juego, haciendo que el cumplimiento de su misión como interlocutor diplomático sea imposible.

LA MUERTE DE ARAFAT

El 12 de octubre de 2004, Arafat siente dolores abdominales tras haber cenado en la Muqata, la sede de la Autoridad Palestina en Ramala. Es una situación que no parece fuera de lo normal, ya que Arafat ya tiene 75 años y vive en condiciones precarias. Sin embargo, durante dos semanas, su estado no mejora, y su equipo médico no puede determinar la causa de estos males. Rápidamente, se piensa en un envenenamiento. Los que apoyan esta tesis, palestinos y militantes, recuerdan las declaraciones amenazantes de algunos responsables israelíes que habían declarado públicamente que se estaban realizando esfuerzos para eliminar a Arafat.

Yasir Arafat es trasladado a Francia para ser hospitalizado, y allí muere a causa de una hemorragia cerebral el 11 de noviembre de 2004. Los médicos franceses no se pronuncian sobre las causas de la muerte, y no se abre ninguna investigación para averiguarlas. Habrá que esperar hasta 2012 para que el caso resurja, con la difusión de un documental de Al Jazeera que revela el descubrimiento por parte del Instituto de Radiofísica de Lausana de cantidades anormales de polonio-210 en algunos objetos personales de Arafat.

¿SABÍAS QUE...?

El polonio-210 es un elemento químico natural presente en el mineral de uranio en una cantidad muy pequeña. Se puede producir, aunque para ello se requiere un reactor nuclear. Este elemento es muy peligroso a causa de su radiotoxicidad; además, es muy volátil y puede ser asimilado por los organismos vivos mediante inhalación o ingestión. El polonio se había usado en noviembre de 2006 para envenenar a un exespía ruso, Alexander Litvinenko (1962-2006), que se había convertido en oponente del presidente ruso Vladimir Putin (nacido en 1952).

Tras este documental, la viuda de Yasir Arafat, Suha, pide que se exhume el cuerpo de su marido para que se puedan tomar muestras. Asimismo, interpone una denuncia por asesinato ante la fiscalía de Nanterre, que abre una investigación judicial. En noviembre de 2012, Mahmud Abás acepta que la tumba del líder histórico se abra y revela que Rusia y algunos expertos suizos participarán en las operaciones. No obstante, la empresa parece delicada ya que el polonio se desintegra rápidamente, y nada garantiza que la calidad de las muestras tomadas permita llegar a una conclusión inequívoca.

Esto es precisamente lo que ocurre, ya que los resultados de los informes de los expertos son parcialmente contradictorios. Así, mientras que el informe ruso constata una ausencia de polonio, los informes suizo y francés confirman una presencia de este elemento. No obstante, el informe francés excluye la tesis del envenenamiento, justificando la presencia de polonio por una fuente externa natural, mientras que los expertos suizos presentan conclusiones que apoyan moderadamente la tesis del envenenamiento. Esto es suficiente para consolidar las opiniones de aquellos que creen en un complot, e insuficiente para convencer a los otros. Así, más de diez años después de la desaparición del líder, la incertidumbre sobre las causas de su muerte sigue siendo absoluta.

REPERCUSIONES

Yasir Arafat no verá nacer el Estado palestino para el que tanto trabajó. En el momento de su desaparición, las negociaciones diplomáticas iniciadas en Oslo, que tenían que desembocar en la creación de una nación independiente, parecen condenadas a quedar sin efecto.

La muerte del líder palestino refuerza las inquietudes de la comunidad internacional sobre la estabilidad política de la Autoridad Palestina, ya que Yasir Arafat trabaja poco en la preparación de su propia sucesión. De hecho, en 2003 crea un puesto de primer ministro bajo la presión occidental, algo que no le impide concentrar todos los poderes entre sus manos. Además, su Administración se ve debilitada por la corrupción y las divisiones internas. Así pues, en el momento de su muerte repentina, la Autoridad Palestina está debilitada, tanto en el plano interno como externo.

Mahmud Abás —también conocido por su nombre de guerra, Abu Mazen— es quien retoma la dirección de Fatá. De hecho, Abás es uno de los últimos fundadores del movimiento que queda vivo. En 2005 gana las elecciones presidenciales palestinas con más del 62 % de los votos. El hombre elegido por el pueblo es uno de los únicos que goza de la legitimidad necesaria. Abás, además de ser uno de los fundadores de Fatá, había participado activamente en la creación de la OLP en 1964 y luego formó con Arafat y Abu Jihad el trío que dirigía sus operaciones. A lo largo de los años setenta promovió los contactos entre esta organización y los círculos de izquierda israelíes. Luego jugó un papel fundamental en las negociaciones de paz en Oslo. Mahmud Abás es, de hecho, un ferviente defensor de la opción diplomática. Su imagen de figura del nacionalismo palestino se la debe a este largo recorrido al lado de Yasir Arafat para servir a la causa de su pueblo.

Pero el estilo de Mahmud Abás es completamente opuesto al de Yasir Arafat. Aunque el objetivo fundamental de los dos hombres es crear una unidad nacional, la forma en que se dedican a ello difiere por completo. Así, por un lado, Arafat pretendía ser el representante de todos los grupos dispares que forman la población palestina dispersa, y mantenía relaciones amicales y familiares con cada uno de ellos; por el otro, Mahmud Abás cultiva una cierta neutralidad y trata de no pertenecer a ningún clan en particular. Abás también profesa un respeto inquebrantable por la razón y la lógica que no compartía su predecesor, muy capaz de manipular la verdad si pensaba que la situación lo requería. Asimismo, mientras que Yasir Arafat nunca abandonó su ropa de revolucionario y su famoso *kufiya* (pañuelo palestino), solamente vemos vestido a Mahmud Abás con traje y corbata. Por lo tanto, la exuberancia y la astucia del primer líder palestino son reemplazadas por la discreción y la objetividad del segundo.

Sin duda, un elemento clave que permite que Mahmud Abás llegue a ser presidente de la Autoridad Palestina es el apoyo internacional del que goza. Los palestinos, deseosos de vivir un periodo de calma después del aumento de las tensiones de los últimos años antes de la muerte de Yasir Arafat, hacen una elección razonada cuando eligen a Mahmud Abás.

De hecho, son conscientes de que, como defensor histórico de la opción diplomática, a ojos de la opinión pública es un interlocutor respetable.

De hecho, Abás consigue restablecer el diálogo con Israel. Pero la opinión pública palestina lo juzgará por sus resultados. ¿Conseguirá mejorar las condiciones de vida en los territorios ocupados, detener la colonización y obtener un derecho al retorno para los refugiados? Parece que todavía hay esperanzas cuando la Franja de Gaza se libera de los asentamientos israelíes en 2005.

Con todo, las condiciones de vida siguen siendo precarias y la autoridad del nuevo líder es cuestionada, sobre todo en el seno de Fatá, donde no goza del prestigio de su predecesor. Aprovechando las divisiones internas que existen en el movimiento, la oposición se fortalece y de este modo, en enero de 2006 Hamás gana las elecciones legislativas palestinas.

El contexto que había permitido la llegada de Mahmud Abás al poder ha cambiado. La esperanza de calma que representaba ya no existe, puesto que las bases de un diálogo con Israel se han desvanecido con el ascenso al poder de Hamás. En efecto, el Estado judío se niega a entablar cualquier tipo de negociación con un poder palestino en cuyo seno se encuentra una organización terrorista. Por su parte, la Unión Europea y el Gobierno estadounidense suspenden sus ayudas financieras para el Gobierno palestino. La Autoridad Palestina, al borde de la quiebra, ya no puede pagar a sus funcionarios y se producen huelgas. En mayo de 2006, obligados y a la fuerza, Hamás y Fatá se reúnen para hablar del futuro y, el 27 de junio, se adopta un documento «de entente nacional».

A pesar de este avance político, en la Franja de Gaza se producen enfrentamientos cada vez más violentos entre las milicias de Hamás y de Fatá. En un año y medio, la violencia entre los palestinos causa más de 500 víctimas. En junio de 2007, Hamás derrota a los combatientes de Fatá y toma el control de la totalidad de la Franja de Gaza. Desde entonces, las fricciones entre Hamás y el ejército israelí se multiplican constantemente, y con ellas el número de víctimas civiles, mayoritariamente palestinas. Asimismo, el bloqueo impuesto por Israel causa una deterioración sin precedentes de las condiciones de vida de la población palestina.

Así, Gaza simboliza el impase en el que se ha hundido el conflicto palestino-israelí. Por su parte, la Autoridad Palestina que había moldeado Yasir Arafat parece más frágil que nunca.

EN RESUMEN

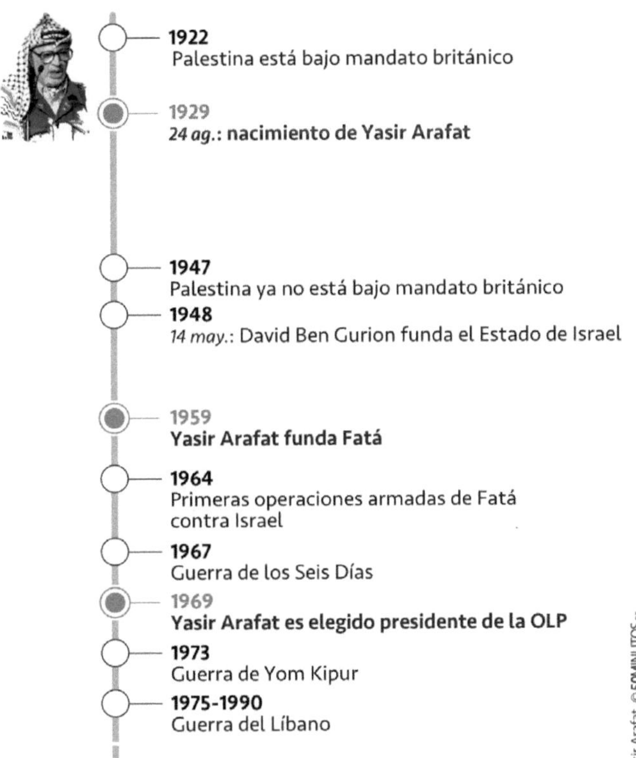

1922
Palestina está bajo mandato británico

1929
24 ag.: **nacimiento de Yasir Arafat**

1947
Palestina ya no está bajo mandato británico

1948
14 may.: David Ben Gurion funda el Estado de Israel

1959
Yasir Arafat funda Fatá

1964
Primeras operaciones armadas de Fatá
contra Israel

1967
Guerra de los Seis Días

1969
Yasir Arafat es elegido presidente de la OLP

1973
Guerra de Yom Kipur

1975-1990
Guerra del Líbano

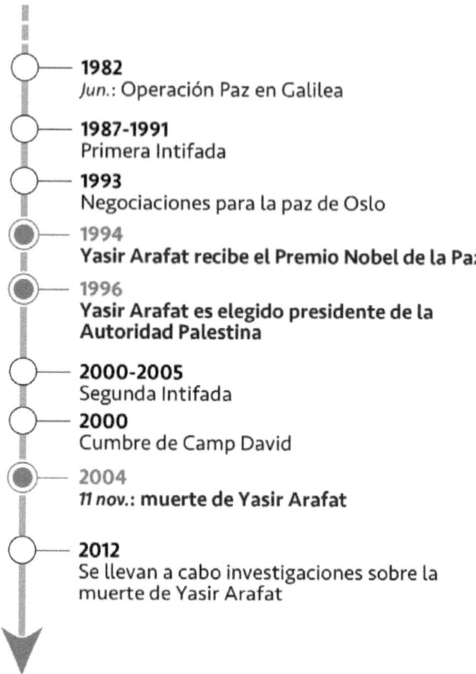

- El historiador y politólogo francés Charles Saint-Prot no se equivocaba al declarar, en el preámbulo de la biografía que le dedica, que Yasir Arafat es uno de los hombres célebres más desconocidos. El enigma que lo rodea se debe, en gran parte, a la ambigüedad de su trayectoria y de su personalidad. Las caricaturas odiosas de sus enemigos, los elogios a veces desmesurados de sus fervientes admiradores y las medias verdades del principal interesado han contribuido a reforzar el misterio.

- Más allá de las consideraciones parciales, se pueden

poner de manifiesto algunas realidades sobre este personaje. Se trata del hombre que cambió el destino de todo un pueblo, que lideró la lucha de los palestinos para reclamar su derecho a existir. A pesar de que no pudo realizar su sueño, el de sentar las bases de un Estado palestino independiente, su perseverancia y su tenacidad permiten que el mundo abra los ojos sobre la suerte de los palestinos. Fundador de Fatá, líder de la Organización para la Liberación de Palestina (OLP), interlocutor de los Acuerdos de Oslo y primer presidente de la Autoridad Palestina, entregó su vida a la causa de su pueblo.

- Con todo, algunas de las críticas dirigidas hacia Arafat son justificadas: llevó a cabo acciones violentas en nombre de su lucha y pactó con organizaciones extremistas sin mostrar escrúpulos.

- Y, sin embargo, el hombre que para muchos israelíes encarna el terrorismo es también el que tenderá la mano a Isaac Rabin en el césped de la Casa Blanca, haciendo resurgir la esperanza de la posibilidad de la paz. Pero esta esperanza durará poco. Cuando muere, Yasir Arafat es un hombre aislado, que ha fracasado en su conversión de dirigente revolucionario a jefe de Estado y que se enfrenta a una opinión internacional hostil, conducida por la Administración israelí, determinada a deshacerse de él.

- A pesar de que en un primer momento la llegada al poder de Mahmud Abás permite reanudar el diálogo con Israel, las tensiones entre los palestinos, la toma de poder de Hamás y el endurecimiento de la posición israelí precipitan la desintegración total del proceso iniciado en Oslo. Israel y los territorios ocupados parecen arrastrados por un torbellino de violencia, y cada bando le atribuye la responsabilidad al otro.

- Más de diez años después de su muerte, ¿qué queda de la obra del líder palestino? Decir que todo se ha reducido a la nada sería ir demasiado rápido. Aunque es verdad que la paz tan anhelada no parece más que un lejano recuerdo y que el cisma entre las facciones de Hamás y de Fatá se ha consumado, el despertar de la consciencia nacional palestina está sólidamente anclado en la mentalidad de este pueblo dispersado. Además, para el conjunto de los palestinos, Yasir Arafat sigue siendo la figura que encarna su lucha. Puesto que, como dice el historiador y escritor palestino Elias Sanbar, Yasir Arafat es, simplemente, «un hombre querido por su pueblo»[2].

---

2. Cita traducida por 50Minutos.es

¡Tu opinión nos interesa!
¡Deja un comentario en la página web de tu librería en línea,
y comparte tus favoritos en las redes sociales!

PARA IR MÁS ALLÁ

FUENTES BIBLIOGRÁFICAS

- Agha, Hussein y Ahmad Samih Khalidi. 2014. "Yasser Arafat: Why he Still Matters?". *The Guardian*. 13 de noviembre.
- Agha, Hussein y Robert Malley. 2005. "Abou Mazen, le dernier Palestinien". *Le Monde diplomatique*. Febrero.
- ARTE, "Le conflit israélo-palestinien: chronologie (1967-2005)". Consultado el 13 de abril de 2015. http://www.arte.tv/fr/le-conflit-israelo-palestinien-chronologie-1967-2005/7308280,CmC=7351400.html
- Boltanski, Christophe y El-Tahri, Jihan. 1997. *Les sept vies de Yasser Arafat*. París: Grasset.
- Gresh, Alain. 2004. "L'espoir vivant des Palestiniens". *Le Monde diplomatique*. Noviembre.
- Hart, Alan. 1994. *Arafat, Terrorist or Peacemaker?* Londres: Sidgwick and Jackson.
- Histoire à la carte, "Le Proche-Orient depuis le début du XXᵉ siècle". Consultado el 6 de junio de 2017. http://www.histoirealacarte.com/carte/2-histoire-proche-orient-moyen-orient.php
- INA, "Le Conflit israélo-arabe (de 1948 à nos jours)". Consultado el 6 de junio de 2017. http://fresques.ina.fr/jalons/parcours/0043/le-conflit-israelo-arabe-de-1948-a-nos-jours.html
- Kermanac, Laure. s. f. "Israël-Palestine: comprendre le conflit par les cartes". *Le Figaro*. Consultado el 6 de junio de 2017. http://video.lefigaro.fr/figaro/video/israel-palestine-comprendre-le-conflit-par-les-car-

- tes/3680084721001/
- Kapeliouk, Amnon. 2004. *Arafat l'irréductible*. París: Fayard.
- Le Monde diplomatique, "*Les Palestiniens, un peuple*, un livre de Xavier Baron". Consultado el 6 de junio de 2017. http://www.monde-diplomatique. fr/1978/02/T_B_J_/34614
- Le Monde, "Les vies de Yasser". Consultado el 6 de junio de 2017. http://medias.lemonde.fr/medias/pdf_obj/ sup_arafat_041105.pdf
- Les clés du Moyen-Orient, "Yasser Arafat". Consultado el 6 de junio de 2017. http://www.lesclesdumoyenorient. com/Arafat-Yasser.html
- Morris, Benny. 2004. *The Birth of the Palestinian Refugee Problem Revisited*. Nueva York: Cambridge University Press.
- Vidal, Dominique y Alain Gresh. 2011. *Les 100 clés du Proche-Orient*. París: Fayard.

FUENTES COMPLEMENTARIAS

- Baron, Xavier. 2003. *Les Palestiniens, genèse d'une nation*. París: Seuil.
- Faux, Emmanuel. 2014. *L'affaire Arafat. L'étrange mort du leader palestinien*. París: L'Archipel.
- Gowers, Andrew y Tony Walker. 1992. *Behind the Myth: Yasser Arafat and the Palestinian Revolution*. Nueva York: Olive Branch Press.
- Gresh, Alain. 2001. *Israël-Palestine: vérités sur un conflit*. París: Fayard.
- Harvey Parada, Hugo. 2011. *Las relaciones entre Chile

e Israel, 1973-1990. La conexión oculta. Valparaíso: RIL Editores.

- Karch, Efraim. 2003. *Arafat's War. The Man and His Battle for Israeli Conquest*. Nueva York: Grove Press.
- Laurens, Henry. 1999-2011. *La question de Palestine*, tomo 1, 2, 3 y 4. París: Fayard.
- Prier, Pierre. 2014. "Enquête sur l'étrange mort de Yasser Arafat". *Orient XXI*. 9 de noviembre. Consultado el 6 de junio de 2017. http://orientxxi.info/lu-vu-entendu/enquete-sur-l-etrange-mort-de-yasser-arafat,0745
- Rubin, Barry y Judith Colp Rubin. 2003. *Yasir Arafat: A Political Biography*. Nueva York: Oxford University Press.
- Saint-Prot, Charles. 1990. *Yasser Arafat. Biographie et entretiens*. París: Jean Picollec.
- Sales, Ferran. 2001. "Sharon: 'Arafat es responsable de todo'". *El País*. 4 de diciembre. Consultado el 7 de junio de 2017. http://elpais.com/diario/2001/12/04/internacional/1007420401_850215.html
- Vanaert, Philippe. 1992. *Yasser Arafat, président sans frontières*. Bruselas: Éditions du Souverain.
- Wallach, Janet y John Wallach. 1997. *Arafat: in the Eyes of the Beholder*. Nueva York: Citadel Books.

FUENTES ICONOGRÁFICAS

- Imagen del muro de seguridad desplegado por Israel. La imagen reproducida está libre de derechos.
- Fotografía tomada durante la ceremonia de entrega de los Premios Nobel de la Paz. La imagen reproducida está libre de derechos.

DOCUMENTALES

- *Death in Gaza.* Dirigido por James Miller. Reino Unido: Channel 4, 2004.
- *5 cámaras rotas.* Dirigido por Emad Burnat y Guy Davidi. Francia: Alegria Productions, Burnat Films y Guy DVD Films, 2011.
- *The Gatekeepers.* Dirigido por Dror Moreh. Israel: Les Films du Poissons, Dror Moreh Productions, Cinephil, 2012.
- *The Price of Kings: Yasser Arafat.* Dirigido por Joanna Natasegara y Richard Symons. Reino Unido: Spirit Level Film, 2012.
- *Al-Jazeera investigates – What killed Arafat?* Dirigido por Clayton Swisher. Catar: Al Jazeera, 2012.
- *Al-Jazeera investigates – Killing Arafat.* Dirigido por Clayton Swisher. Catar: Al Jazeera, 2013.
- *Arafat.* Dirigido por Sahar Baassiri. 2013.

EDIFICIOS CONMEMORATIVOS

- Memorial de Yasir Arafat, complejo situado en la Muqata de Ramala que alberga el mausoleo de Yasir Arafat, un museo en su memoria y una mezquita.
- Aeropuerto Internacional Yasir Arafat situado en la Franja de Gaza, inaugurado en 1998 y destruido en 2001 por las fuerzas israelíes.